全国计算机技术与软件专业技术资格（水平）考试指定用书

全国计算机技术与软件专业技术资格（水平）考试

系统规划与管理师考试大纲

全国计算机专业技术资格考试办公室　编

清华大学出版社
北　京

内 容 简 介

本书是全国计算机专业技术资格考试办公室组织编写的系统规划与管理师考试大纲，本书包括了人力资源和社会保障部、工业和信息化部的有关文件以及考试简介。

系统规划与管理师考试大纲是针对本考试的高级资格制定的。

通过本考试的考生，可被用人单位择优聘任为高级工程师。

本书封面贴有清华大学出版社防伪标签，无标签者不得销售。
版权所有，侵权必究。举报：010-62782989，beiqinquan@tup.tsinghua.edu.cn。

图书在版编目（CIP）数据

系统规划与管理师考试大纲 / 全国计算机专业技术资格考试办公室编. —北京：清华大学出版社，2017（2024.10重印）
（全国计算机技术与软件专业技术资格（水平）考试指定用书）
ISBN 978-7-302-47472-2

Ⅰ. ①系… Ⅱ. ①全… Ⅲ. ①信息系统-项目管理-资格考试-考试大纲 Ⅳ. ①G203-41

中国版本图书馆CIP数据核字（2017）第120347号

责任编辑： 杨如林
封面设计： 常雪影
责任校对： 徐俊伟
责任印制： 杨 艳

出版发行： 清华大学出版社
  网　　址： https://www.tup.com.cn, https://www.wqxuetang.com
  地　　址： 北京清华大学学研大厦A座　　**邮　编：** 100084
  社 总 机： 010-83470000　　　　　　　　　**邮　购：** 010-62786544
  投稿与读者服务： 010-62776969, c-service@tup.tsinghua.edu.cn
  质量反馈： 010-62772015, zhiliang@tup.tsinghua.edu.cn
印 装 者： 三河市天利华印刷装订有限公司
经　　销： 全国新华书店
开　　本： 130mm×185mm　　**印　张：** 1.25　　**字　数：** 27千字
版　　次： 2017年7月第1版　　　　　　　　　**印　次：** 2024年10月第12次印刷
定　　价： 15.00元

产品编号：075327-01

前　言

　　全国计算机技术与软件专业技术资格（水平）考试（以下简称"计算机软件考试"）是由人力资源和社会保障部、工业和信息化部领导下的专业技术资格考试，属于国家职业资格考试。人事部、信息产业部联合颁发的国人部发[2003]39号文件规定了这种考试的政策。计算机软件考试包括了计算机软件、计算机网络、计算机应用、信息系统、信息服务等领域初级资格（技术员/助理工程师）、中级资格（工程师）、高级资格（高级工程师）的27种职业岗位。根据信息技术人才年轻化的特点和要求，报考这种资格考试不限学历与资历条件，以不拘一格选拔人才。现在，软件设计师、程序员、网络工程师、数据库系统工程师、系统分析师考试标准已经实现了中国与日本国互认，程序员和软件设计师考试标准已经实现了中国和韩国互认。

　　各种资格的考试大纲（考试标准）体现了相应职业岗位对知识与能力的要求。这些要求是由全国计算机专业技术资格考试办公室组织了全国相关企业、研究所、高校等许多专家，调研了很多相关企业的相应职业岗位，参考了先进国家的有关考试标准，逐步提炼，反复讨论形成的。一般的做法是先确定相应职业岗位的工作流程，对每个工作阶段又划分多个关键性活动，对每项活动再列出所需的知识以及所需的能力要求，最后，汇总这些知识要求与能力要求，形成考试大纲。初级与中级资格考试一般包括基础知识与应用技术两大科目；高级资格考试一般包括综合知识、案例分析与论文三大科目。

正由于考试大纲来源于职业岗位的要求,是考试命题的依据,因此,这种考试已成为衡量考生是否具有职业岗位要求的一个检验标准,受到社会上各用人单位的广泛欢迎。20多年的考试历史也证明,这种考试已经成为我国著名的 IT 考试品牌,大批合格人员得到了升职聘用,对国家信息化发挥了重要的作用。这就是广大在职人员以及希望从事相关专业工作的学生积极报考的原因。

计算机软件考试的其他有关信息见网站 www.ruankao.org.cn 中的资格考试栏目。

编　者

2017 年 6 月

人 事 部
信 息 产 业 部 文件

国人部发〔2003〕39号

关于印发《计算机技术与软件专业技术资格（水平）考试暂行规定》和《计算机技术与软件专业技术资格（水平）考试实施办法》的通知

各省、自治区、直辖市人事厅（局）、信息产业厅（局），国务院各部委、各直属机构人事部门，中央管理的企业：

  为适应国家信息化建设的需要，规范计算机技术与软件专业人才评价工作，促进计算机技术与软件专业人才队伍建设，人事部、信息产业部在总结计算机软件专业资格和水平考试实施情况的基础上，重新修订了计算机软件专业资格和水平考试有关规定。现将《计算机技术与软件专业技术资格（水平）考试暂行规定》和《计算机技术与软件专业技术资格（水平）考试实施办法》

印发给你们,请遵照执行。

自 2004 年 1 月 1 日起,人事部、原国务院电子信息系统推广应用办公室发布的《关于印发〈中国计算机软件专业技术资格和水平考试暂行规定〉的通知》(人职发〔1991〕6 号)和人事部《关于非在职人员计算机软件专业技术资格证书发放问题的通知》(人职发〔1994〕9 号)即行废止。

中华人民共和国　　中华人民共和国
　人　事　部　　　信息产业部

二〇〇三年十月十八日

计算机技术与软件专业技术资格（水平）考试暂行规定

第一条 为适应国家信息化建设的需要，加强计算机技术与软件专业人才队伍建设，促进我国计算机应用技术和软件产业的发展，根据国务院《振兴软件产业行动纲要》以及国家职业资格证书制度的有关规定，制定本规定。

第二条 本规定适用于社会各界从事计算机应用技术、软件、网络、信息系统和信息服务等专业技术工作的人员。

第三条 计算机技术与软件专业技术资格（水平）考试（以下简称计算机专业技术资格（水平）考试），纳入全国专业技术人员职业资格证书制度统一规划。

第四条 计算机专业技术资格（水平）考试工作由人事部、信息产业部共同负责，实行全国统一大纲、统一试题、统一标准、统一证书的考试办法。

第五条 人事部、信息产业部根据国家信息化建设和信息产业市场需求，设置并确定计算机专业技术资格（水平）考试专业类别和资格名称。

计算机专业技术资格（水平）考试级别设置：初级资格、中级资格和高级资格3个层次。

第六条 信息产业部负责组织专家拟订考试科目、考试大纲和命题，研究建立考试试题库，组织实施考试工作和统筹规划培训等有关工作。

第七条 人事部负责组织专家审定考试科目、考试大纲和试题，会同信息产业部对考试进行指导、监督、检查，确定合格标准。

第八条 凡遵守中华人民共和国宪法和各项法律，恪守职业道德，具有一定计算机技术应用能力的人员，均可根据本人情况，报名参加相应专业类别、级别的考试。

第九条 计算机专业技术资格（水平）考试合格者，由各省、自治区、直辖市人事部门颁发人事部统一印制，人事部、信息产业部共同用印的《中华人民共和国计算机专业技术资格（水平）证书》。该证书在全国范围有效。

第十条 通过考试并获得相应级别计算机专业技术资格（水平）证书的人员，表明其已具备从事相应专业岗位工作的水平和能力，用人单位可根据《工程技术人员职务试行条例》有关规定和工作需要，从获得计算机专业技术资格（水平）证书的人员中择优聘任相应专业技术职务。

取得初级资格可聘任技术员或助理工程师职务；取

得中级资格可聘任工程师职务；取得高级资格可聘任高级工程师职务。

第十一条 计算机专业技术资格（水平）实施全国统一考试后，不再进行计算机技术与软件相应专业和级别的专业技术职务任职资格评审工作。

第十二条 计算机专业技术资格（水平）证书实行定期登记制度，每3年登记一次。有效期满前，持证者应按有关规定到信息产业部指定的机构办理登记手续。

第十三条 申请登记的人员应具备下列条件：

（一）取得计算机专业技术资格（水平）证书；

（二）职业行为良好，无犯罪记录；

（三）身体健康，能坚持本专业岗位工作；

（四）所在单位考核合格。

再次登记的人员，还应提供接受继续教育或参加业务技术培训的证明。

第十四条 对考试作弊或利用其他手段骗取《中华人民共和国计算机专业技术资格(水平)证书》的人员，一经发现，即行取消其资格，并由发证机关收回证书。

第十五条 获准在中华人民共和国境内就业的外籍人员及港、澳、台地区的专业技术人员，可按照国家有关政策规定和程序，申请参加考试和办理登记。

第十六条 在本规定施行日前，按照《中国计算机软件专业技术资格和水平考试暂行规定》（人职发［1991］6号）参加考试并获得人事部印制、人事部和信息产业部共同用印的《中华人民共和国专业技术资格证书》(计算机软件初级程序员、程序员、高级程序员资格)和原中国计算机软件专业技术资格(水平)考试委员会统一印制的《计算机软件专业水平证书》的人员,其资格证书和水平证书继续有效。

第十七条 本规定自 2004 年 1 月 1 日起施行。

计算机技术与软件专业技术资格（水平）考试实施办法

第一条 计算机技术与软件专业技术资格（水平）考试（以下简称计算机专业技术资格（水平）考试）在人事部、信息产业部的领导下进行，两部门共同成立计算机专业技术资格（水平）考试办公室（设在信息产业部），负责计算机专业技术资格（水平）考试实施和日常管理工作。

第二条 信息产业部组织成立计算机专业技术资格（水平）考试专家委员会，负责考试大纲的编写、命题、建立考试试题库。

具体考务工作由信息产业部电子教育中心（原中国计算机软件考试中心）负责。各地考试工作由当地人事行政部门和信息产业行政部门共同组织实施，具体职责分工由各地协商确定。

第三条 计算机专业技术资格（水平）考试原则上每年组织两次，在每年第二季度和第四季度举行。

第四条 根据《计算机技术与软件专业技术资格（水平）考试暂行规定》（以下简称《暂行规定》）第五

条规定，计算机专业技术资格（水平）考试划分为计算机软件、计算机网络、计算机应用技术、信息系统和信息服务 5 个专业类别，并在各专业类别中分设了高、中、初级专业资格考试，详见《计算机技术与软件专业技术资格（水平）考试专业类别、资格名称和级别层次对应表》（附后）。人事部、信息产业部将根据发展需要适时调整专业类别和资格名称。

考生可根据本人情况选择相应专业类别、级别的专业资格（水平）参加考试。

第五条 高级资格设：综合知识、案例分析和论文 3 个科目；中级、初级资格均设：基础知识和应用技术 2 个科目。

第六条 各级别考试均分 2 个半天进行。

高级资格综合知识科目考试时间为 2.5 小时，案例分析科目考试时间为 1.5 小时、论文科目考试时间为 2 小时。

初级和中级资格各科目考试时间均为 2.5 小时。

第七条 计算机专业技术资格（水平）考试根据各级别、各专业特点，采取纸笔、上机或网络等方式进行。

第八条 符合《暂行规定》第八条规定的人员，由本人提出申请，按规定携带身份证明到当地考试管理机构报名，领取准考证。凭准考证、身份证明在指定的时间、地点参加考试。

第九条 考点原则上设在地市级以上城市的大、中专院校或高考定点学校。

中央和国务院各部门所属单位的人员参加考试,实行属地化管理原则。

第十条 坚持考试与培训分开的原则,凡参与考试工作的人员,不得参加考试及与考试有关的培训。

应考人员参加培训坚持自愿的原则。

第十一条 计算机专业技术资格(水平)考试大纲由信息产业部编写和发行。任何单位和个人不得盗用信息产业部名义编写、出版各种考试用书和复习资料。

第十二条 为保证培训工作健康有序进行,由信息产业部统筹规划培训工作。承担计算机专业技术资格(水平)考试培训的机构,应具备师资、场地、设备等条件。

第十三条 计算机专业技术资格(水平)考试、登记、培训及有关项目的收费标准,须经当地价格行政部门核准,并向社会公布,接受群众监督。

第十四条 考务管理工作要严格执行考务工作的有关规章和制度,切实做好试卷的命制、印刷、发送和保管过程中的保密工作,遵守保密制度,严防泄密。

第十五条 加强对考试工作的组织管理,认真执行考试回避制度,严肃考试工作纪律和考场纪律。对弄虚作假等违反考试有关规定者,要依法处理,并追究当事人和有关领导的责任。

附表（已按国人厅发[2007]139号文件更新）

计算机技术与软件专业技术资格（水平）考试专业类别、资格名称和级别对应表

资格名称\专业类别\级别层次	计算机软件	计算机网络	计算机应用技术	信息系统	信息服务
高级资格	\multicolumn{5}{} ·信息系统项目管理师 ·系统分析师 ·系统架构设计师 ·网络规划设计师 ·系统规划与管理师				
中级资格	·软件评测师 ·软件设计师 ·软件过程能力评估师	·网络工程师	·多媒体应用设计师 ·嵌入式系统设计师 ·计算机辅助设计师 ·电子商务设计师	·系统集成项目管理工程师 ·信息系统监理师 ·信息安全工程师 ·数据库系统工程师 ·信息系统管理工程师	·计算机硬件工程师 ·信息技术支持工程师
初级资格	·程序员	·网络管理员	·多媒体应用制作技术员 ·电子商务技术员	·信息系统运行管理员	·网页制作员 ·信息处理技术员

主题词：专业技术人员 考试 规定 办法 通知

抄送：党中央各部门、全国人大常委会办公厅、全国政协办公厅、国务院办公厅、高法院、高检院、解放军各总部。

| 人事部办公厅 | 2003 年 10 月 27 日印发 |

全国计算机软件考试办公室文件

软考办〔2005〕1号

关于中日信息技术考试标准互认有关事宜的通知

各地计算机软件考试实施管理机构：

为进一步加强我国信息技术人才培养和选拔的标准化，促进国际间信息技术人才的流动，推动中日两国信息技术的交流与合作，信息产业部电子教育中心与日本信息处理技术人员考试中心，分别受信息产业部、人事部和日本经济产业省委托，就中国计算机技术与软件专业技术资格（水平）考试与日本信息处理技术人员考试（以下简称中日信息技术考试）的考试标准，于2005年3月3日再次签署了《关于中日信息技术考试标准互认的协议》，在2002年签署的互认协议的基础上增加了网络工程师和数据库系统工程师的互认。现就中日信息技术考试标准互认中的有关事宜内容通知如下：

一、中日信息技术考试标准互认的级别如下：

中国的考试级别 （考试大纲）	日本的考试级别 （技能标准）
系统分析师	系统分析师 项目经理 应用系统开发师
软件设计师	软件开发师
网络工程师	网络系统工程师
数据库系统工程师	数据库系统工程师
程序员	基本信息技术师

二、采取灵活多样的方式，加强对中日信息技术考试标准互认的宣传，不断扩大考试规模，培养和选拔更多的信息技术人才，以适应日益增长的社会需求。

三、根据国内外信息技术的迅速发展，继续加强考试标准的研究与更新，提高考试质量，进一步树立考试的品牌。

四、鼓励相关企业以及研究、教育机构，充分利用中日信息技术考试标准互认的新形势，拓宽信息技术领域国际交流合作的渠道，开展多种形式的国际交流与合作活动，发展对日软件出口。

五、以中日互认的考试标准为参考，引导信息技术领域的职业教育、继续教育改革，使其适应新形势下的职业岗位实际工作要求。

二〇〇五年三月八日

全国计算机软件考试办公室文件

软考办〔2006〕2号

关于中韩信息技术考试标准互认
有关事宜的通知

各地计算机软件考试实施管理机构:

  为加强我国信息技术人才培养和选拔的标准化,促进国际间信息技术人才的流动,推动中韩两国间信息技术的交流与合作,信息产业部电子教育中心与韩国人力资源开发服务中心,分别受信息产业部和韩国信息与通信部的委托,对中国计算机技术与软件专业技术资格(水平)考试与韩国信息处理技术人员考试(以下简称中韩信息技术考试)的考试标准进行了全面、认真、科学的分析比较,于2006年1月19日签署了《关于中韩信息技术考试标准互认的协议》,实现了程序员、软件设计师考试标准的互认,现将中韩信息技术考试标准互认的有关事宜通知如下:

  一、中韩信息技术考试标准互认的级别如下:

中国的考试级别 （考试大纲）	韩国的考试级别 （技能标准）
软件设计师	信息处理工程师
程序员	信息处理产业工程师

二、各地应以中韩互认的考试标准为参考，积极引导信息技术领域的职业教育发展，使其适应新形势下的职业岗位的要求。

三、鼓励相关企业以及研究、教育机构，充分利用中韩信息技术考试标准互认的新形势，拓宽信息技术领域国际交流合作的渠道，开展多种形式的国际交流与合作活动，发展对韩软件出口。

四、根据国内外信息技术的迅速发展，加强考试标准的研究与更新，提高考试质量，进一步树立考试的品牌。

五、各地应采取灵活多样的方式，加强对中韩信息技术考试标准互认的宣传，不断扩大考试规模，培养和选拔更多的信息技术人才，以适应日益增长的社会需求。

二〇〇六年二月五日

全国计算机技术与软件专业技术资格（水平）考试简介

全国计算机技术与软件专业技术资格（水平）考试（简称计算机软件考试）是在人力资源和社会保障部、工业和信息化部领导下的国家考试，其目的是，科学、公正地对全国计算机技术与软件专业技术人员进行职业资格、专业技术资格认定和专业技术水平测试。

计算机软件考试在全国范围内已经实施了二十多年，年考试规模已超过三十万人。该考试由于其权威性和严肃性，得到了社会及用人单位的广泛认同，并为推动我国信息产业特别是软件产业的发展和提高各类IT人才的素质做出了积极的贡献。

根据人事部、信息产业部文件（国人部发[2003]39号），计算机软件考试纳入全国专业技术人员职业资格证书制度的统一规划。通过考试获得证书的人员，表明其已具备从事相应专业岗位工作的水平和能力，用人单位可根据工作需要从获得证书的人员中择优聘任相应专业技术职务（技术员、助理工程师、工程师、高级工程师）。计算机技术与软件专业实施全国统一考试后，不再进行相应专业技术职务任职资格的评审工作。因此，这种考试既是职业资格考试，又是专业技术资格考试。报考任何级别不需要学历、资历条件，考生可根据自己熟悉的专业情况和水平选择适当的级别报考。程序员、软件设计师、系统分析师、网络工程师、数据库系统工程师的考试标准已与日本相应级别实现互认，程序员和软件设计师的考试标准还实现了中韩互认，以后还将扩大考试互认的级别以及互认的国家。

本考试分5个专业类别：计算机软件、计算机网络、计算机应用技术、信息系统和信息服务。每个专业又分3个层次：高级资格（高级工程师）、中级资格（工程师）、初级资格（助理工程师、技术员）。对每个专业、每个层次，设置了若干个资格（或级别）。

考试合格者将颁发由人力资源和社会保障部、工业和信息化部用印的计算机技术与软件专业技术资格（水平）证书。

本考试每年分两次举行。每年上半年和下半年考试的级别不尽相同。考试大纲、指定教材、辅导用书由全国计算机专业技术资格考试办公室组编陆续出版。

关于考试的具体安排、考试用书、各地报考咨询联系方式等都在网站 www.ruankao.org.cn 公布。在该网站上还可以查询证书的有效性。

系统规划与管理师考试大纲

一、考试说明

1. 考试目标

通过本考试的合格人员,要求具有高级工程师的实际工作能力和业务水平,具体包括:

(1) 熟练地实施信息技术服务规划和信息系统运行维护管理;

(2) 制定组织的 IT 服务标准和相关制度;

(3) 管理 IT 服务团队;

(4) 支持组织进行业务规划和 IT 战略规划,提出信息系统的构建、升级、迁移、退役建议,评估、分析信息系统的运营成本和效益;

(5) 组织策划 IT 服务目标和服务内容,制定 IT 服务计划和服务方案,确定服务成本及配置服务资源;

(6) 监控 IT 服务计划和方案的执行,提升组织的 IT 服务能力和服务质量,评估服务绩效。

2. 考试要求

(1) 熟悉 IT 战略规划知识;

(2) 熟悉信息、信息系统和 IT 技术知识;

(3) 熟练掌握信息技术服务知识;

(4) 具备 IT 服务规划设计的能力和经验,熟练掌握 IT

服务规划设计的技术、方法和主要设计内容;

(5) 掌握 IT 服务部署实施的技术和方法;

(6) 具备 IT 服务运营管理的能力和经验,熟练掌握 IT 服务人员管理、IT 服务过程管理、IT 服务技术管理、IT 服务资源管理的知识、技术和方法;

(7) 具备 IT 服务持续改进管理的能力,熟练掌握 IT 服务测量、IT 服务回顾及 IT 服务改进等方面的知识、技术和方法;

(8) 具有 IT 服务监督和管理的能力和经验,熟悉 IT 服务质量管理评价体系,熟练掌握 IT 服务质量管理、风险管理及信息安全管理的相关知识和技能;

(9) 具备 IT 服务营销管理的能力,掌握业务关系管理、IT 服务营销过程、IT 服务项目预算、核算和结算的相关知识和技能;

(10) 掌握团队建设与管理的方法和技术;

(11) 了解标准化知识和 IT 服务相关标准;

(12) 具有 IT 服务人员的职业素养,了解 IT 服务人员职业道德的有关要求及 IT 服务相关的法律法规;

(13) 熟练阅读和正确理解相关领域的英文文献。

3. 本考试设置的科目

(1) 系统规划与管理综合知识,考试时间为 150 分钟,笔试,选择题;

(2) 系统规划与管理案例分析,考试时间为 90 分钟,笔试,问答题;

(3) 系统规划与管理论文,考试时间为 120 分钟,笔试,论文题。

二、考试范围

考试科目1：系统规划与管理综合知识

1. 信息系统综合知识
    1.1 信息的定义和属性
        1.1.1 信息的基本概念
        1.1.2 信息的定量描述
        1.1.3 信息的传输模型
        1.1.4 信息的质量属性
    1.2 信息化
        1.2.1 信息化的含义
        1.2.2 我国信息化发展现状
        1.2.3 国家信息化发展战略纲要
        1.2.4 两化融合
        1.2.5 电子政务
        1.2.6 电子商务
        1.2.7 企业信息化
    1.3 信息系统
        1.3.1 信息系统的定义
        1.3.2 信息系统的生命周期
        1.3.3 信息系统常用的开发方法
        1.3.4 信息系统的总体规划
    1.4 IT战略
        1.4.1 IT战略的内涵
        1.4.2 IT战略的意义

    1.4.3 IT战略规划方法
2. 信息技术知识
   2.1 软件工程
      2.1.1 软件需求分析与定义
      2.1.2 软件设计、测试与维护
      2.1.3 软件质量保证及质量评价
      2.1.4 软件配置管理
      2.1.5 软件过程管理
      2.1.6 软件开发工具
      2.1.7 软件复用
   2.2 面向对象的系统分析与设计
      2.2.1 面向对象的基本概念
      2.2.2 统一建模语言与可视化建模
      2.2.3 面向对象的系统分析
      2.2.4 面向对象的系统设计
   2.3 应用集成技术
      2.3.1 数据库与数据仓库技术
      2.3.2 Web Services技术
      2.3.3 Java EE架构
      2.3.4 .NET架构
      2.3.5 软件中间件
   2.4 计算机网络技术
      2.4.1 网络技术标准、协议与应用
      2.4.2 网络分类、组网和接入技术
      2.4.3 网络服务器和网络存储技术
      2.4.4 综合布线和机房工程
      2.4.5 网络规划、设计与实施

    2.4.6 网络安全及其防范技术
    2.4.7 网络管理
  2.5 新一代信息技术
    2.5.1 大数据
    2.5.2 云计算
    2.5.3 物联网
    2.5.4 移动互联网
3. 信息技术服务知识
  3.1 产品、服务和信息技术服务
    3.1.1 产品
    3.1.2 服务
    3.1.3 信息技术服务
  3.2 运维、运营和经营
    3.2.1 运维
    3.2.2 运营
    3.2.3 经营
  3.3 IT治理
  3.4 IT服务管理
    3.4.1 传统管理方式
    3.4.2 体系化管理方式
  3.5 项目管理
    3.5.1 单项目管理
    3.5.2 项目群管理
  3.6 质量管理理论
    3.6.1 质量管理发展历史
    3.6.2 质量管理常见理论方法
    3.6.3 质量管理过程

    3.6.4 质量管理工具
  3.7 信息安全管理
    3.7.1 信息安全管理体系、知识和活动
    3.7.2 信息安全等级保护知识
4. **IT 服务规划设计**
  4.1 概述
  4.2 IT 服务规划设计活动
    4.2.1 规划设计的活动
    4.2.2 关键成功因素
  4.3 服务目录管理
    4.3.1 设计服务目录的目的
    4.3.2 服务目录设计活动
    4.3.3 关键成功因素
    4.3.4 参考实例
  4.4. 服务级别协议
    4.4.1 服务级别协议的介绍
    4.4.2 服务级别协议的内容
  4.5 服务需求识别
    4.5.1 服务需求识别的目的
    4.5.2 服务需求识别的活动
    4.5.3 关键成功因素
  4.6 服务方案设计
    4.6.1 服务模式设定
    4.6.2 服务级别设定
    4.6.3 人员要素设计
    4.6.4 资源要素设计
    4.6.5 技术要素设计

         4.6.6 过程要素设计
5. **IT服务部署实施**
   5.1 概述
      5.1.1 目标与定位
      5.1.2 作用与收益
   5.2 IT服务部署实施要素
      5.2.1 人员要素部署实施
      5.2.2 资源要素部署实施
      5.2.3 技术要素部署实施
      5.2.4 过程要素部署实施
   5.3 IT服务部署实施方法
      5.3.1 IT服务部署实施计划
      5.3.2 IT服务部署实施执行
      5.3.3 IT服务部署实施验收
6. **IT服务运营管理**
   6.1 概述
   6.2 人员要素管理
      6.2.1 人员储备与连续性管理
      6.2.2 人员能力评价与管理
      6.2.3 人员绩效管理
      6.2.4 人员培训计划执行
   6.3 资源要素管理
      6.3.1 工具管理
      6.3.2 知识管理
      6.3.3 服务台管理与评价
      6.3.4 备品备件管理

6.4 技术要素管理
  6.4.1 技术研发规划
  6.4.2 技术研发预算
  6.4.3 技术成果的运行与改进
6.5 过程要素管理
  6.5.1 服务级别管理
  6.5.2 服务报告管理
  6.5.3 事件管理
  6.5.4 问题管理
  6.5.5 配置管理
  6.5.6 变更管理
  6.5.7 发布管理
  6.5.8 安全管理
  6.5.9 连续性和可用性管理
  6.5.10 容量管理
6.6 常见运营管理的关键考核指标
6.7 常见监控内容

7. IT 服务持续改进

7.1 概述
7.2 服务测量
  7.2.1 服务测量的目标
  7.2.2 服务测量的活动
  7.2.3 服务测量的关键成功因素
7.3 服务回顾
  7.3.1 服务回顾的目标
  7.3.2 服务回顾的活动

  7.3.3 服务回顾的关键成功因素
 7.4 服务改进
  7.4.1 服务改进的目标
  7.4.2 服务改进的活动
  7.4.3 服务改进的关键成功因素

8. 监督管理

 8.1 概述
 8.2 IT 服务质量管理
  8.2.1 IT 服务质量评价模型
  8.2.2 IT 服务评价指标
  8.2.3 常见运维服务质量管理活动
 8.3 IT 服务风险管理
  8.3.1 风险管理计划
  8.3.2 风险识别
  8.3.3 风险定性分析
  8.3.4 风险定量分析
  8.3.5 风险处置计划
  8.3.6 风险监控
  8.3.7 风险跟踪

9. IT 服务营销

 9.1 业务关系管理
  9.1.1 客户关系管理
  9.1.2 供应商关系管理
  9.1.3 第三方关系管理
 9.2 IT 服务营销过程
 9.3 IT 服务项目预算、核算和结算

9.3.1　IT服务项目的预算
9.3.2　IT服务项目的核算
9.3.3　IT服务项目的结算
9.3.4　衡量项目效益的指标
9.4　IT服务外包收益

10. 团队建设与管理
10.1　IT服务团队的特征
10.2　IT服务团队建设周期
　　10.2.1　组建期
　　10.2.2　风暴期
　　10.2.3　规范期
　　10.2.4　表现期
10.3　IT服务团队管理
　　10.3.1　目标管理
　　10.3.2　激励管理
　　10.3.3　执行管理
　　10.3.4　人员发展管理

11. 标准化知识与IT服务相关标准
11.1　标准化知识
　　11.1.1　标准的相关概念
　　11.1.2　标准的分类
　　11.1.3　国家标准制定阶段和流程
11.2　IT服务国际标准
　　11.2.1　ISO/IEC 20000系列标准
　　11.2.2　ISO/IEC 27000系列标准
　　11.2.3　ISO 9000系列标准

  11.2.4 ISO/IEC 38500 标准
  11.2.5 ISO 22301
  11.2.6 ITIL
  11.2.7 COBIT
 11.3 IT 服务国家标准及行业标准
  11.3.1 ITSS 标准体系
  11.3.2 GB/T 29264-2012
  11.3.3 GB/T 28827.1-2012
  11.3.4 GB/T 28827.2-2012
  11.3.5 GB/T 28827.3-2012
  11.3.6 SJ/T 11564.4-2015
  11.3.7 SJ/T 11445.2-2012
  11.3.8 SJ/T 11565.1-2015
  11.3.9 SJ/T 11435-2016
  11.3.10 SJ/T 11623-2016
  11.3.11 ITSS 运维能力成熟度模型

12. 职业素养与法律法规

 12.1 职业素养
  12.1.1 职业道德
  12.1.2 行为规范
 12.2 法律法规
  12.2.1 法律概念
  12.2.2 法律体系
  12.2.3 诉讼时效
  12.2.4 常用的法律法规
  12.2.5 刑法修正案（七）

13. 专业英语

能熟练阅读和准确理解相关领域的英文文献及专业术语。

考试科目 2：系统规划与管理案例分析

1. IT 服务规划设计

1.1 服务目录的结构和内容，服务目录的设计

1.2 服务级别协议的内容，服务级别协议的设计

1.3 IT 服务需求识别的目的、活动和关键成功要素

1.4 IT 服务方案设计涉及的主要内容

2. IT 服务部署实施

2.1 IT 服务部署实施的要素内容

2.2 IT 服务部署实施的方法与过程

3. IT 服务运营管理

3.1 人员要素的主要内容

　　3.1.1 人员储备的机制和方法

　　3.1.2 人员能力评价的方法

　　3.1.3 人员绩效管理的方法

　　3.1.4 人员培训计划的设计

3.2 过程要素的主要内容

　　3.2.1 服务流程的目标、范围、主要活动、相关角色和衡量指标要求

　　3.2.2 服务报告的设计

　　3.2.3 服务级别管理的主要内容

3.3 技术要素的主要内容

3.4 资源要素的主要内容

    3.4.1 服务台的管理与评价方法
    3.4.2 知识库的管理和维护方法
    3.4.3 备件库管理的主要内容
    3.4.4 常见运维工具的主要类型和功能用途

4. IT 服务持续改进

  4.1 服务改进的主要方法

  4.2 服务测量的目标、价值、主要活动和关键成功因素

  4.3 服务回顾的目标、价值、主要活动和关键成功因素

  4.4 服务改进的目标、价值、主要活动和关键成功因素

  4.5 服务满意度与投诉管理的目标、价值、主要活动和关键成功因素

5. 监督管理

  5.1 常见运维服务质量管理活动

6. 信息安全管理

  6.1 信息安全管理体系、知识和活动

7. IT 服务营销

  7.1 业务关系管理

  7.2 IT 服务营销的方法

  7.3 IT 服务项目的预算编制方法

8. 团队建设与管理

  8.1 IT 服务团队的特征

  8.2 IT 服务团队的建设周期

  8.3 IT 服务团队管理的方法和内容

9. 职业素养与法律法规

  9.1 IT 服务人员的职业素养要求

  9.2 IT 服务相关的法律法规

考试科目3：系统规划与管理论文

1. **IT 服务规划设计**
   1.1 服务需求识别
   1.2 服务成本评估
   1.3 服务方案设计
   1.4 规划设计风险
   1.5 规划设计实施
   1.6 规划设计实施评价
2. **IT 服务部署实施**
   2.1 IT 服务部署实施的方法
   2.2 IT 服务部署实施的过程
3. **IT 服务运营管理**
   3.1 人员要素管理
   3.2 资源要素管理
   3.3 技术要素管理
   3.4 过程要素管理
4. **IT 服务持续改进**
   4.1 持续改进方法
5. **监督管理**
   5.1 质量管理
   5.2 风险管理
6. **团队建设与管理**

三、题型举例

备注：样题仅仅是说明试题的形式，并不反映考题的难度。

考试科目 1：

以下哪项内容不属于信息安全管理的安全目标_____。

A．保密性　　　　B．完整性
C．可用性　　　　D．可维护性

考试科目 2：

阅读以下叙述，回答问题 1、问题 2 和问题 3。

小张接到了上级安排的一项工作任务，将一个新的应用系统 M 部署到服务器上。小张通过远程登录查看了几台服务器的资源空间使用情况，选择了一台资源空间比较充裕的服务器 PS2208。然后小张找到机房管理员获得服务器的机柜位置，就独自来到这台服务器旁开始安装软件。软件安装过程很顺利，通过测试，新部署的 M 应用工作状况正常。小张完成工作后离开了机房。但随后不久，一个安装在 PS2208 服务器上的重要应用 F 出现了故障，给单位造成了很大的损失，后期经排查，是小张安装的 M 应用与 F 应用出现了部署组件冲突，小张因此受到了单位的处罚。

【问题 1】 请用 200 字以内的文字说明这件事情为什么会发生？小张在运维服务的过程中出了哪些问题？

【问题 2】 如何杜绝此类问题的发生？需要建立哪些流程或管理制度？

【问题 3】 请在以上列举的流程中选择一个，详细绘制出该流程的具体内容。

考试科目 3：

试题一：论 IT 服务的知识管理

IT 服务的过程也是知识创造价值的过程，把 IT 服务活动中相关的知识通过整理、分析并进行知识提炼，纳入知识库，通过知识的复用、共享有助于提升组织的管理效率，降低IT服务成本，增值知识资产，提高IT服务的核心竞争力。作为系统规划与管理师，通过有效的知识管理，将IT服务生产过程中产生的各类信息所包含的知识能够最大限度地提取、保留，并通过评审后加以应用，能够提高服务质量。

请围绕"IT服务的知识管理"论题，从以下两个方面进行论述。

（1）结合你承担的IT服务项目，从知识获取、知识共享、知识入库、知识评审等四方面论述知识管理应实施的活动；

（2）概要论述IT服务的知识识别，以及你在项目中的实施方法。